101 preguntas y curiosidades sobre el universo

Soledad Gopar

Ilustraciones de
Elizabeth Mallet

 el gato de hojalata

Dirección editorial:
María José Pingray

Edición:
Soledad Gopar

Diseño:
Soledad Calvo

Ilustraciones:
Elizabeth Mallet

Corrección:
Pamela Pulcinella

Producción industrial:
Aníbal Álvarez Etinger

101 preguntas y curiosidades sobre el universo / coordinación general
de María José Pingray ; editado por Soledad Gopar. - 1a ed. - Ciudad
Autónoma de Buenos Aires : El Gato de Hojalata, 2021.
  64 p. ; 17 x 24 cm.

  ISBN 978-987-797-692-2

  1. Libro de Entretenimientos. I. Pingray, María José, coord. II. Gopar,
Soledad, ed.
  CDD 793.21

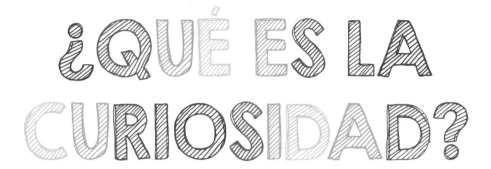

¿QUÉ ES LA CURIOSIDAD?

Es volver a mirar eso que nos llama la atención y no dar nada por hecho. La curiosidad nos permite conocer el mundo que nos rodea como si lo viéramos por primera vez; mirar con lupa, indagar, preguntar, comparar y comprobar que todo es más extraordinario de lo que parece *a primera vista*.

Hemos viajado por el universo cual astronautas, explorando galaxias, planetas lejanos e incluso nuestro planeta Tierra para recoger tantas preguntas ingeniosas como pudimos.

Acompáñanos en nuestra expedición por un mundo de preguntas con respuestas que te asombrarán y que podrás compartir con tus amigos y tu familia.

¡Sé un explorador del espacio exterior, un experto en curiosidades!

En las últimas páginas encontrarás un cuestionario que podrás resolver con todos los datos sorprendentes que has descubierto.
¡Tú eres el experto!
Obtén tu diploma de EXPERTO EN CURIOSIDADES
SOBRE EL UNIVERSO.

ÍNDICE

planetas

Astronautas

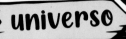
¿QUÉ ES EL UNIVERSO?

Es una zona inconmensurable (imposible de medir por su gran extensión), repleta de planetas, estrellas, polvo, gas y galaxias. El universo se está expandiendo porque las galaxias (enormes grupos de estrellas) se separan a gran velocidad unas de otras.

SABÍAS QUE...

Hay más estrellas en el universo que... ¡granos de arena en la Tierra!

3 SABÍAS QUE...

En la Vía Láctea hay casi... ¡200 estrellas por cada persona en la Tierra!
Además, en el centro de nuestra galaxia hay un enorme agujero negro supermasivo, llamado Sagitario A*, ¡que tiene más de 4 millones de veces la masa del Sol!

4 ¿QUÉ ES LA VÍA LÁCTEA?

Es la galaxia donde vivimos. Tiene unos 200 000 millones de estrellas, incluido el Sol, y su forma es la de un inmenso remolino. Rota una vez cada 200 millones de años. Es tan grande que la luz tarda 100 000 años en cruzarla de un lado a otro.

5 SABÍAS QUE...

Los cometas son como enormes bolas de nieve sucia. La mayoría se encuentra en el borde del sistema solar, pero algunos se acercan al Sol. Cuando el Sol comienza a derretirlos, aparecen en los cometas dos colas: una de gas y otra de polvo.

6 ¿CUÁNTOS SISTEMAS SOLARES HAY EN NUESTRA GALAXIA?

Si bien nuestro sistema planetario es el único conocido con el nombre de «sistema solar», los científicos creen que existen más de 3200 posibles sistemas con una estrella y planetas orbitando a su alrededor. Nuestro sistema solar está compuesto por ocho planetas que giran en torno al Sol, muchas lunas (¡Júpiter tiene 79 lunas!), planetas enanos, asteroides y cometas.

7 ¿QUÉ SON LAS ESTRELLAS?

Las estrellas son enormes bolas de gases. Algunos de estos gases están en el aire que nos rodea. Los principales son el hidrógeno y el helio. Se los llama «combustible de estrellas» porque con ellos generan calor y luz.

8 SABÍAS QUE...

Desde la Antigüedad, se han visto diseños en el agrupamiento de las estrellas. Se los llama *constelaciones*.

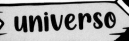
9 ¿CUÁNTAS ESTRELLAS HAY?

Hay unos 200 000 millones de estrellas en nuestra galaxia, la Vía Láctea. Los astrónomos calculan que hay ¡1000 billones de estrellas en un billón de galaxias!

10 SABÍAS QUE...

Hay cuatro formas características de galaxias: irregulares (ninguna forma en especial), elípticas (con forma de huevo), espirales (gigantescos molinetes) y quásares (áreas compactas en el centro de una galaxia), ¡uno de los objetos más brillantes del universo! La Vía Láctea es una galaxia espiral.

11 ¿POR QUÉ TITILAN LAS ESTRELLAS?

Las estrellas solo titilan si las miramos desde la Tierra. Cuando su luz viaja hacia nosotros, la sacude el movimiento del aire que rodea la Tierra, por eso parece que parpadean.

12 SABÍAS QUE...

A veces, salen de una estrella lenguas de gas resplandeciente como llamas. Se las conoce como *prominencias*.

13 ¿QUÉ ES UN AGUJERO NEGRO?

Un agujero negro se produce cuando muere una estrella grande. La estrella cae sobre sí misma, aplastando su propia materia, y se hace cada vez más pequeña. Al final, lo que queda es un lugar que absorbe… ¡hasta la luz!

14 SABÍAS QUE...

En el espacio (¡como en nuestro planeta Tierra!), todo tiene una fuerza de atracción: la gravedad. Esta mantiene las cosas juntas, es decir, evita que floten libremente.

15

¿CÓMO SE FORMA UNA NEBULOSA?

Una nebulosa es una nube gigante de polvo y gas en el espacio. Algunas nebulosas provienen del gas y el polvo expulsado por la explosión de una estrella moribunda, como una supernova. Otras nebulosas son lugares donde comienzan a formarse nuevas estrellas. Todas existen en el espacio entre las estrellas, también conocido como *espacio interestelar*.

16 SABÍAS QUE...

Los telescopios espaciales de la NASA como el Spitzer y el Hubble han registrado increíbles imágenes de estos preciosos «jardines de estrellas». La nebulosa conocida más cercana a la Tierra se llama Helix.

17 ¿QUÉ ES UN AÑO LUZ?

Para medir la distancia entre los cuerpos en el espacio se utilizan los años luz. Un año luz es la distancia que la luz recorre en un año terrestre y es equivalente a... ¡aproximadamente 9 billones de kilómetros!

18 SABÍAS QUE...

¡La luz viaja a una velocidad de 300 000 kilómetros por segundo! Se mueve muy rápido, pero los objetos del espacio están tan lejos que su luz tarda mucho en llegar hasta nuestro planeta. Lo que observamos hoy se encuentra en... ¡el pasado!

19

¿A CUÁNTOS AÑOS LUZ ESTÁ ANDRÓMEDA?

La galaxia Andrómeda, la agrupación de estrellas más cercana al planeta Tierra, se encuentra a 2,5 millones de años luz. La vemos como era hace 2,5 millones de años en el pasado.

20

SABÍAS QUE...

El Sol es la estrella más cercana a la Tierra. La siguiente es Próxima Centauri. La luz del Sol tarda 8,3 minutos en alcanzarnos, pero ¡la luz de Próxima Centauri tarda 4,3 años!

21 ¿POR QUÉ ES TAN ESPECIAL LA TIERRA?

La Tierra es el único planeta del sistema solar que tiene agua y que posee las condiciones necesarias para que haya vida, entre ellas, el suficiente oxígeno para los seres vivos. Como es el tercer planeta a partir del Sol, recibe la cantidad justa de luz y calor. Más cerca, sería demasiado caliente. ¡Más lejos, demasiado frío!

22 SABÍAS QUE...

La atmósfera que cubre nuestro planeta tiene el grosor perfecto para mantener la temperatura templada de la Tierra. Esto hace posible que seres vivos como nosotros podamos vivir en él.

23

SABÍAS QUE...

Un día en la Tierra dura algo menos de 24 horas. Un año en la Tierra dura 365,25 días. Ese 0,25 extra hace que cada 4 años tengamos que añadir un día más al calendario. Ese año se llama *bisiesto*.

24 ¿CUÁNTOS AÑOS TIENE NUESTRO PLANETA?

Los científicos creen que la Tierra y la Luna se formaron hace unos 4 600 millones de años. Los seres humanos, sin embargo, aparecieron solo alrededor de 200 mil años atrás.

25

¿QUIÉN DESCUBRIÓ LA REDONDEZ DE LA TIERRA?

Alrededor del año 479 a. C., un pensador griego llamado Parménides observó un eclipse de Luna. Advirtió que la sombra proyectada en la Luna por la Tierra era curva y dedujo que esta tenía que ser redonda. Ahora se sabe que, en realidad, ¡la Tierra tampoco es perfectamente redonda! Es ligeramente achatada en la región norte (Polo Norte) y en la región sur (Polo Sur).

26

SABÍAS QUE...

Hay dos tipos de eclipses. El lunar se produce cuando la Tierra se mueve entre el Sol y la Luna. En el solar, la Luna se mueve entre la Tierra y el Sol, bloqueando su luz.

27

¿QUÉ CAPAS CONFORMAN LA TIERRA?

La Tierra está formada por varias capas. Cerca del centro de la Tierra se encuentra el núcleo, formado sobre todo por níquel y hierro. Sobre el núcleo se encuentra el manto, una gruesa capa de rocas tan calientes que algunas se han derretido. La capa final es la corteza… ¡por donde caminas!

28

SABÍAS QUE...

Casi tres cuartos de nuestro planeta están cubiertos por agua, por eso se dice que la tierra es un planeta océano.

CORTEZA

MANTO

NÚCLEO

29 SABÍAS QUE...

No podemos ver la atmósfera de la Tierra porque los gases son invisibles. En Marte, la atmósfera está llena de partículas de polvo rojo, así que el cielo se ve marrón o anaranjado, como el color del ¡caramelo!

30 ¿CÓMO ES LA ATMÓSFERA SIMILAR A UN INVERNADERO?

Un invernadero es una construcción que mantiene el calor porque las paredes y el techo no lo dejan escapar. Los gases de nuestra atmósfera atrapan el calor de manera similar y mantienen caliente la Tierra.

31

¿QUÉ HACE TEMBLAR LA TIERRA?

La zona superficial de la Tierra está compuesta de enormes pedazos de roca llamados *placas tectónicas*, que se mueven muy lentamente. El lugar donde se reúnen se llama *falla*. Cuando las placas se tocan, ondas de choque viajan por el terreno causando temblores y sacudidas.

32

SABÍAS QUE...

Pueden ocurrir terremotos bajo el océano. Cuando eso pasa, olas enormes, llamadas *tsunamis*, avanzan por el mar.

33 ¿QUÉ ASPECTO TIENE EL OCÉANO?

En el fondo del mar hay montañas y valles, como en tierra firme. En la costa, la tierra se inclina suavemente hacia el mar. Esa inclinación es la plataforma continental.

34 SABÍAS QUE...

Puede haber terremotos bajo el mar. Hay más de un millón por año, pero la mayoría se producen a tanta profundidad que no los sentimos.

35 SABÍAS QUE...

Solo los animales más resistentes viven en los polos y soportan sus condiciones extremas. Los osos polares, por ejemplo, viven en el Ártico o Polo Norte. Los pingüinos, en muchos lugares del hemisferio sur de la Tierra, ¡hasta en Australia y América del Sur!

36

¿QUÉ ASPECTO TIENEN LOS POLOS?

El Polo Norte, en el Ártico, y el Polo Sur, en la Antártida, son los extremos de la Tierra. Son lugares helados y están cubiertos de hielo y nieve. El lugar más frío del planeta es el Polo Sur: las temperaturas normales de invierno van de los -60°C a temperaturas inferiores a -70°C. La sensación térmica, ¡es aún más baja!

37 ¿QUÉ SON LOS GASES DEL EFECTO INVERNADERO?

La Tierra está cubierta por una capa invisible de aire que se llama *atmósfera*. Los vehículos, fábricas y bosques incendiados, por ejemplo, liberan gases dañinos, sobre todo dióxido de carbono, que se acumulan en la atmósfera y atrapan calor como un invernadero.

38 SABÍAS QUE...

El incremento de los gases de efecto invernadero ha aumentado la temperatura media de la superficie terrestre, lo que modifica el clima. ¡Se cree que ha aumentado más de 0,6°C desde los últimos años del siglo XIX!

39

¿POR QUÉ HAY UN AGUJERO EN LA ATMÓSFERA?

En la atmósfera se encuentra la capa de ozono, que absorbe la mayoría de los rayos nocivos del sol. Como la capa de ozono está dañada por los cloro-fluoro-carbonos (CFC), se ha formado un gran agujero sobre la Antártida, que deja pasar los rayos peligrosos.

40

SABÍAS QUE...

Los aviones a chorro vuelan en la capa de ozono, a una altura entre 10 y 40 kilómetros. Sus motores lanzan gases químicos que dañan esta capa.

41 SABÍAS QUE... ?!

El Sol tiene un diámetro de 1 392 000 kilómetros, 109 veces más ancho que la Tierra.

42 ¿CUÁNTO CALOR TIENE EL SOL?

¡Tanto como las estrellas, donde la temperatura llega a 15 millones de grados! En su centro tiene una enorme bola de gas ardiendo, aún más caliente. La temperatura del Sol es de 5500 grados en la superficie y de 15 millones de grados centígrados en el núcleo. ¡Impresionante!

43 ¿POR QUÉ ES CÁLIDA LA LUZ SOLAR?

La luz solar es cálida porque el Sol emite luz y calor. El calor del Sol viaja hacia nosotros mediante ondas invisibles. Hay rayos infrarrojos, que son los que producen calor. La luz visible es la que ven nuestros ojos y la luz ultravioleta es la que no vemos, pero que puede dañar la piel, si no tomamos los recaudos necesarios.

44

SABÍAS QUE...

Para evitar que los rayos ultravioletas nos alcancen, debemos proteger la piel con protector solar y... ¡a disfrutar de días soleados y calurosos!

45

¿QUÉ EDAD TIENE NUESTRO SOL?

El Sol tiene 4 mil millones y medio de años (4 500 000 000, ¡una cifra con muchos ceros!). ¿Cómo lo sabemos? Se considera la edad del sistema solar entero porque todo se originó durante la misma época.

46

SABÍAS QUE...

Las rocas de la Luna que los astronautas recolectaron sirven para conocer la edad del Sol, ya que los científicos pudieron evaluar su antigüedad: ¡la Luna nos habla del Sol!

47

¿CUÁNTO TIEMPO BRILLARÁ EL SOL?

Las estrellas como nuestro Sol arden durante alrededor de 9 o 10 mil millones de años. El Sol está aproximadamente en la mitad de su vida.

Pero no es para alarmarse... ¡le quedan todavía unos 5 000 000 000 (5 mil millones) de años más!

48 SABÍAS QUE...

Cuando pasen esos 5 mil millones de años, el Sol se volverá un gigante rojo, es decir, cada vez más grande y frío. Será más oscuro y se verá... ¡de color rojo!

49 SABÍAS QUE...

Los antiguos griegos creían que el Sol era un dios llamado Helios, que avanzaba por el cielo en un carruaje de fuego.

50 ¿POR QUÉ SE ELEVA EL SOL?

¡En realidad, el Sol no se eleva! La Tierra gira a su alrededor, de modo que cada mañana amanece nuevamente. Dondequiera que estés, empiezas a ver luz cuando esa parte de la Tierra se mueve y queda ubicada frente al Sol.

51 ¿QUÉ SON LAS MANCHAS SOLARES?

Las manchas solares son zonas de la superficie del Sol que se ven más oscuras que el resto. Esto sucede porque son áreas más frías. Sin embargo, continúan teniendo temperaturas muy elevadas: ¡alrededor de 4000 grados!

52 SABÍAS QUE...

Las fulguraciones solares son explosiones repentinas de energía, provocadas por las líneas torcidas de los campos magnéticos. A veces se ven como grandes destellos o... ¡llamaradas!

53 ¿QUÉ ES EL CLIMA ESPACIAL?

Es el tipo de clima creado por la actividad de la superficie del Sol, que no deja de arrojar gas y partículas al espacio. Esta corriente de partículas se llama *viento solar* y está cargada de electricidad, ¡y el viento solar las lleva hacia la Tierra a un millón de millas por hora!

54 SABÍAS QUE...

El campo magnético y la atmósfera de nuestro planeta actúan como un escudo: nos protegen de la mayoría de las explosiones del viento solar. Sin embargo, el clima espacial puede dañar los satélites que usamos para las comunicaciones y la navegación y detener el funcionamiento de las redes eléctricas.

55

¿CÓMO SE PRODUCE UN ECLIPSE SOLAR?

Sucede cuando la Luna se pone en el camino de la luz del Sol (y proyecta su sombra en la Tierra). Esto quiere decir que, durante el día, la Luna se mueve por delante del Sol y oscurece. ¿No es curioso que se ponga todo oscuro en pleno día?

56

SABÍAS QUE...

Para ver un eclipse solar, se deben utilizar gafas especiales para observar el Sol, ya que puede dañar la vista (los lentes de sol no protegen lo suficiente, pero... ¡las máscaras para soldar sí pueden servir!).

57 ¿POR QUÉ HAY CUATRO ESTACIONES?

Se suele creer que la cercanía o lejanía del Sol marca las cuatro estaciones que tenemos en la Tierra: otoño, invierno, primavera y verano. Sin embargo, esta idea es incorrecta. La Tierra tiene cuatro estaciones porque su eje no está en línea recta.

58 SABÍAS QUE...

Como la Tierra orbita alrededor del Sol, su eje inclinado siempre señala en la misma dirección. Por eso, durante el año, diferentes partes de la Tierra reciben los rayos directos del Sol.

59 ¿QUÉ ES UNA AURORA?

Es un hermoso espectáculo de luz que se puede ver en el cielo, conocido como *aurora boreal* (cerca del Polo Norte) o *austral* (cerca del Polo Sur).

Si bien estas luces se ven mejor por la noche, en realidad son causadas por el Sol durante una tormenta solar que interactúa con gases de nuestra atmósfera.

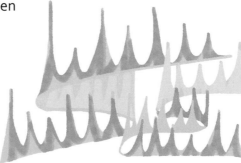

60 SABÍAS QUE...

Durante la aurora, el oxígeno emite luz verde y roja, y el nitrógeno brilla intensamente azul y púrpura.

61 ¿CUÁNTOS PLANETAS HAY EN EL SISTEMA SOLAR?

Nuestro sistema solar alberga ocho increíbles planetas. Algunos de ellos son pequeños y de superficie rocosa, y otros son gigantescos y gaseosos. Hay planetas con temperaturas tan elevadas que, sobre su superficie, los metales se derretirían. Pero… ¡otros planetas son tan fríos como el hielo!

62 SABÍAS QUE...

Los ocho planetas del sistema solar son Mercurio, Venus, la Tierra, Marte, Júpiter, Saturno, Urano y Neptuno (del más cercano al más lejano respecto del Sol).

SABÍAS QUE...

Plutón fue eliminado de la lista de planetas de nuestro sistema solar. Al menos por el momento, es considerado un planeta enano... ¡y helado!

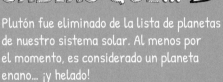

ERIS

PLUTÓN

¿POR QUÉ PLUTÓN NO ES MÁS EL NOVENO PLANETA?

En el año 2005, los científicos descubrieron un cuerpo celeste de un tamaño muy similar al de Plutón y lo llamaron Eris (la diosa griega de la discordia). Este hallazgo desató una gran discusión y una pregunta: ¿se debía incorporar a Eris a la lista de planetas del sistema solar o se debía eliminar a Plutón? Finalmente, se decidió eliminar a Plutón.

65 ¿CÓMO SE CLASIFICAN LOS PLANETAS?

Los cuatro planetas más cercanos al Sol (Mercurio, Venus, la Tierra y Marte) se llaman *planetas terrestres* porque sus superficies son sólidas y rocosas. Los planetas más lejanos (Júpiter, Saturno, Urano y Neptuno) son conocidos como *gigantes gaseosos*.

66 SABÍAS QUE...

En la Antigüedad, los astrónomos observaron puntos luminosos que se movían entre las estrellas. Bautizaron a esos objetos luminosos con el nombre de *planetas*, por su significado: 'paseantes' o 'vagabundos', ya que se creía que las estrellas estaban fijas.

67 SABÍAS QUE...

Desde la invención del telescopio (en 1609), se han descubierto tres planetas más en nuestro sistema solar: Urano (dios griego del cielo) en 1781, Neptuno (dios de los mares) en 1846 y Plutón (dios del inframundo) en 1930, aunque ahora es considerado un planeta enano.

68

¿QUIÉN BAUTIZÓ A LOS PLANETAS?

Los astrónomos de la Antigüedad bautizaron a los planetas con los nombres de los dioses romanos: Júpiter, rey de los dioses; Marte, dios de la guerra; Mercurio, mensajero de los dioses; Venus, la diosa del amor y la belleza; y Saturno, dios de la agricultura y la cosecha.

69

¿QUÉ TAMAÑO TIENE MERCURIO?

Mercurio es el planeta más pequeño de nuestro sistema solar: es 2,6 veces menor en comparación con el tamaño de nuestro planeta y apenas un poco más grande que la Luna. Si bien es el planeta más cercano al Sol, no es el más cálido (¡es Venus!).

70 SABÍAS QUE...

Venus es el planeta conocido por algunos como «el gemelo de la Tierra» debido a que es solo 664 kilómetros más pequeño que nuestro planeta.

71
SABÍAS QUE... ⁉

Venus es el planeta más cálido del sistema solar, y además... tiene una superficie ¡que incluye volcanes! Algunos científicos creen que estos enormes volcanes se encuentran todavía activos.

72
¿QUIÉN ES EL LUCERO?

Como el más cercano a la Tierra, Venus suele ser el planeta más brillante que se puede observar en el cielo nocturno (¡sin necesidad de utilizar telescopio!). Por este motivo, ha sido bautizado como *lucero* o *estrella de la mañana* (o *del atardecer*).

73

FUERA DE SERVICIO

SABÍAS QUE...

?!

La montaña volcánica más grande del sistema solar, la Olympus Mons, se encuentra... ¡en Marte! Sin embargo, los volcanes están inactivos y este es un planeta desértico y frío.

74

¿POR QUÉ MARTE ES CONOCIDO COMO «EL PLANETA ROJO»?

En la superficie del planeta predomina el óxido de hierro, lo que le da ese color rojizo característico. Se cree que, mediante un proceso químico, la pirita (un mineral formado por hierro y azufre), se disuelve y libera micropartículas de este mineral. Este podría ser el origen de la presencia de óxidos y sulfatos de hierro.

75 ¿CUÁL ES EL PLANETA MÁS GRANDE?

El planeta más grande de nuestro sistema solar es Júpiter, con 143 000 kilómetros de diámetro. También se sabe que es 1300 veces más grande que la Tierra. ¡Realmente es gigantesco!

76 SABÍAS QUE...

En nuestro sistema solar hay cuatro planetas con anillos: Júpiter, Saturno, Urano y Neptuno. Sin embargo, los únicos que pueden verse desde la Tierra son los grandes anillos de Saturno, hechos de pedazos de hielo y rocas. ¡Los más bellos!

77
SABÍAS QUE...

Solo una misión espacial ha podido visitar Urano: ¡llevaría 15 años llegar hasta este planeta! La luz solar es muy débil, por lo que no podrían utilizarse paneles solares... ¡realmente muy difícil!

78 ¿POR QUÉ URANO ES UN PLANETA EXTRAÑO?

Urano ha llamado la atención de los científicos: tiene 27 lunas pequeñas y su eje parece estar inclinado hacia un costado, apuntando directamente... ¡al Sol! Pero su atmósfera no calienta por décadas, lo que provocaría un invierno equivalente a 42 años terrestres... ¡durante ese tiempo no veríamos el sol ni por una vez!

79
SABÍAS QUE...

Hace muy poco, un científico y buceador descubrió una pequeña luna orbitando Neptuno. La llamó Hipocampo o caballito de mar, una de sus criaturas acuáticas preferidas.

80
¿QUÉ ASPECTO TIENE NEPTUNO?

¡Es azul! La atmósfera de este planeta está compuesta por hidrógeno, helio y metano. El metano le da a Neptuno el mismo color azulado de Urano. ¡Es un hermoso gigante de hielo!

81 ¿QUÉ SIGNIFICA ASTRONAUTA?

Esta palabra está compuesta por *astro* y *nauta* (del latín). *Astro* es 'estrella' y *nauta* significa 'marinero' o 'navegante'. Entonces... astronauta es aquel que navega ¡por el espacio!

82 SABÍAS QUE... ?!

Astrónomo quiere decir 'experto en el movimiento de las estrellas'. Es un científico que se dedica al estudio de la astronomía, es decir, de los astros, su movimiento y las leyes que rigen el universo.

83 SABÍAS QUE...

El telescopio hizo posible el descubrimiento de muchas estrellas y fenómenos imposibles de ver con el ojo humano.

84 ¿QUIÉN FUE GALILEO GALILEI?

Galileo nació en Pisa (Italia) en el año 1564. Comenzó sus estudios en medicina para después dedicarse a las matemáticas. Se enteró de un descubrimiento realizado en Holanda: un tubo con dos lentes que hacía posible que objetos lejanos pareciesen mucho más cercanos. En 1609, Galileo utilizó un telescopio casero de ¡8 aumentos! para demostrar la importancia de este instrumento en el estudio del universo.

85

SABÍAS QUE...

La nave espacial Voyager dejó la Tierra en 1977 y llegó a Neptuno 12 años después, ¡en 1989!

86 ¿CÓMO CONOCEMOS EL ESPACIO EXTERIOR?

Los astrónomos miran a través de poderosos telescopios para registrar lo que ocurre en el espacio. Los astronautas, las naves espaciales y los vehículos robóticos también viajan al espacio buscando nuevos descubrimientos.

87 ¿POR QUÉ LOS ASTRONAUTAS FLOTAN EN EL ESPACIO?

A bordo de una nave espacial, los astronautas no sienten la atracción de la gravedad. En el espacio, la gravedad de la Tierra no tiene fuerza para atraerlos; por eso, ¡flotan como globos! Sin embargo, los científicos creen que es porque en realidad se encuentran... ¡en una eterna caída!

88 SABÍAS QUE...

Cuando dan un paseo espacial, los astronautas usan sogas de seguridad para mantenerse sujetos a la nave. Esto evita que los astronautas floten por el espacio. Además, usan estas sogas para sujetar las herramientas al traje y ¡no perderlas en el camino!

89

¿QUÉ ES UN TRAJE ESPACIAL?

¡Es más que un conjunto de prendas! Está diseñado para permitir a los astronautas hacer paseos espaciales, en los que deben enfrentarse a diferentes temperaturas extremas (frío o calor), les ofrece oxígeno para poder respirar en el vacío del espacio y agua para poder beber en el camino. Además, evita que se lastimen con pequeñas piezas de polvo espacial y los protege de la radiación.

90 SABÍAS QUE...

Debajo de este traje, los astronautas llevan puesto un traje ajustado (de tela) con tubos cosidos, que cubre todo el cuerpo, excepto la cabeza, las manos y los pies. El agua flota por esos tubos para mantener fresco al astronauta durante el paseo espacial.

91 SABÍAS QUE...

Los trajes espaciales tienen cascos para proteger la cabeza y visores para cuidar los ojos de la luz solar intensa.

92 ¿POR QUÉ LOS ASTRONAUTAS LLEVAN MOCHILA?

Alguna vez habrás visto la mochila del traje espacial en la espalda de los astronautas. ¿Para qué sirve? Esta mochila contiene el oxígeno que los astronautas respiran durante un paseo espacial y elimina el dióxido de carbono que exhalan. La mochila también le da electricidad al traje y le permite funcionar bien.

93 ¿QUIÉNES FUERON LOS PRIMEROS ASTRONAUTAS?

El cosmonauta ruso Yuri Gagarin fue el primero que viajó por el espacio en abril de 1961. La primera mujer (¡y más joven!) también fue rusa: Valentina Tereshkova exploró el espacio alrededor de la Tierra por casi 3 días en junio de 1963, en la misión Vostok 6.

94 SABÍAS QUE...

Los primeros en caminar por la Luna fueron los norteamericanos Neil Armstrong y Edwin «Buzz» Aldrin en julio de 1969.

95

SABÍAS QUE...

La Luna es el satélite de la Tierra. Es seca, polvorienta y sin vida. No tiene oxígeno (aire) y durante el día es tan caliente que podría hervir la sangre, pero de noche es helada. Le lleva 27 días orbitar la Tierra y volver a su punto de partida.

96

¿CUÁNTAS VECES LAS PERSONAS HAN LLEGADO A LA LUNA?

Si bien se cree que el ser humano no ha regresado luego de que Aldrin dejara su famosa huella sobre la superficie de la Luna en 1969, se han enviado 6 misiones más, con un total de... ¡12 astronautas!

97

¿QUÉ SE NECESITA PARA SER ASTRONAUTA?

Si bien los astronautas deben estar muy entrenados físicamente para viajar al espacio y ser expertos en ciencia o tecnología, se cree que lo más importante tiene que ver con su personalidad: deben ser buenos para trabajar en equipo, para seguir a un líder y para comunicarse.

98 SABÍAS QUE...

Sally Ride, la primera mujer estadounidense en viajar al espacio (en 1983, a bordo del Challenger), de niña soñaba con ser... ¡jugadora profesional de tenis! Y Ellen Ochoa, la primera mujer hispana en viajar por el espacio, ¡tocaba la flauta a bordo de la nave espacial Discovery!

99 SABÍAS QUE...

Otra forma en la que entrenan los astronautas es usando equipos de realidad virtual. El casco tiene una pantalla de video y los guantes especiales hacen que se puedan ver los movimientos en el video: ¡parece y se siente como un paseo espacial real!

100

¿CÓMO SE ENTRENAN LOS ASTRONAUTAS PARA HACER PASEOS ESPACIALES?

Una forma de entrenarse es nadar... ¡flotar en el espacio es muy parecido a flotar en el agua! Los astronautas entrenan 7 horas en una enorme piscina por cada hora de paseo espacial. ¡Son grandes nadadores!

CUESTIONARIO

¡Hola! ¡Qué viaje genial! Esperamos que te hayas divertido mucho con estas 101 PREGUNTAS Y CURIOSIDADES SOBRE EL UNIVERSO. ¡Es momento de jugar y ver cuánto has aprendido!

Elige la respuesta correcta ✔

A. ¿QUÉ ES LA VÍA LÁCTEA?

☐ EL RECORRIDO DE UNA ESTRELLA

☐ LA GALAXIA DONDE VIVIMOS

☐ UNA ZONA INCONMENSURABLE

B. ¿QUÉ SON LAS ESTRELLAS?

☐ GIGANTES DE NIEVE

☐ ENORMES BOLAS DE LUZ

☐ ENORMES BOLAS DE GASES

C. ¿CUÁNTAS ESTRELLAS HAY EN NUESTRA GALAXIA?

☐ ES IMPOSIBLE SABERLO

☐ 200 000 MILLONES

☐ 1000 BILLONES

D. ¿POR QUÉ ES TAN ESPECIAL LA TIERRA?

- [ ] ES EL ÚNICO PLANETA QUE TIENE AGUA
- [ ] PORQUE ES REDONDA
- [ ] PORQUE TIENE ATMÓSFERA

E. ¿QUÉ HACE TEMBLAR LA TIERRA?

- [ ] EL MOVIMIENTO DE LAS PLACAS TECTÓNICAS
- [ ] LAS OLAS DE LOS OCÉANOS
- [ ] LAS ERUPCIONES DE LOS VOLCANES

F. ¿POR QUÉ HAY UN AGUJERO EN LA ATMÓSFERA?

- [ ] PARA QUE PUEDA ENTRAR LA LUZ SOLAR
- [ ] POR EL DAÑO DE LA CAPA DE OZONO
- [ ] POR EL USO DE ELECTRICIDAD

G. ¿CUÁNTO CALOR TIENE EL SOL?

- [ ] 5500 GRADOS
- [ ] HASTA 15 MILLONES DE GRADOS
- [ ] MÁS DE 15 MILLONES DE GRADOS

H. ¿QUÉ EDAD TIENE NUESTRO SOL?

- ☐ 10 MILLONES DE AÑOS
- ☐ 4 MIL MILLONES Y MEDIO DE AÑOS
- ☐ AÚN NO LO SABEMOS

I. ¿POR QUÉ SE ELEVA EL SOL?

- ☐ PARA AUMENTAR SU TEMPERATURA
- ☐ PARA DAR LUGAR A LAS 4 ESTACIONES
- ☐ EL SOL NO SE ELEVA, LA TIERRA GIRA A SU ALREDEDOR

J. ¿CUÁNTOS PLANETAS HAY EN EL SISTEMA SOLAR?

- ☐ 8
- ☐ 9
- ☐ 12

K. ¿CÓMO SE CLASIFICAN LOS PLANETAS?

- ☐ SEGÚN SU CERCANÍA AL SOL
- ☐ EN LUMINOSOS Y OSCUROS
- ☐ EN SÓLIDOS Y GASEOSOS

L. ¿QUÉ ASPECTO TIENE NEPTUNO?

☐ AZULADO

☐ ROJIZO

☐ BLANCO

M. ¿QUÉ SIGNIFICA *ASTRONAUTA*?

☐ VAGABUNDO DEL ESPACIO

☐ NAVEGANTE DEL ESPACIO

☐ EXPERTO EN EL MOVIMIENTO DE LAS ESTRELLAS

N. ¿POR QUÉ LOS ASTRONAUTAS LLEVAN MOCHILA?

☐ PARA RESPIRAR OXÍGENO

☐ PARA TENER AGUA

☐ PARA REFRESCARSE

Ñ. ¿CUÁNTAS VECES LAS PERSONAS HAN LLEGADO A LA LUNA?

☐ SOLO UNA VEZ

☐ DOS VECES

☐ MÁS DE SEIS VECES

RESPUESTAS

Aquí encontrarás las respuestas correctas
a cada pregunta del CUESTIONARIO.

Compara tus respuestas con las siguientes:

A. ¿QUÉ ES LA VÍA LÁCTEA?

- ☐ EL RECORRIDO DE UNA ESTRELLA
- ☑ LA GALAXIA DONDE VIVIMOS
- ☐ UNA ZONA INCONMENSURABLE

B. ¿QUÉ SON LAS ESTRELLAS?

- ☐ GIGANTES DE NIEVE
- ☐ ENORMES BOLAS DE LUZ
- ☑ ENORMES BOLAS DE GASES

C. ¿CUÁNTAS ESTRELLAS HAY EN NUESTRA GALAXIA?

- ☐ ES IMPOSIBLE SABERLO
- ☑ 200 000 MILLONES
- ☐ 1000 BILLONES

D. ¿POR QUÉ ES TAN ESPECIAL LA TIERRA?

- ☑ ES EL ÚNICO PLANETA QUE TIENE AGUA
- ☐ PORQUE ES REDONDA
- ☐ PORQUE TIENE ATMÓSFERA

E. ¿QUÉ HACE TEMBLAR LA TIERRA?

- ☑ EL MOVIMIENTO DE LAS PLACAS TECTÓNICAS
- ☐ LAS OLAS DE LOS OCÉANOS
- ☐ LAS ERUPCIONES DE LOS VOLCANES

F. ¿POR QUÉ HAY UN AGUJERO EN LA ATMÓSFERA?

- ☐ PARA QUE PUEDA ENTRAR LA LUZ SOLAR
- ☑ POR EL DAÑO DE LA CAPA DE OZONO
- ☐ POR EL USO DE ELECTRICIDAD

G. ¿CUÁNTO CALOR TIENE EL SOL?

- ☐ 5500 GRADOS
- ☑ HASTA 15 MILLONES DE GRADOS
- ☐ MÁS DE 15 MILLONES DE GRADOS

H. ¿QUÉ EDAD TIENE NUESTRO SOL?

- ☐ 10 MILLONES DE AÑOS
- ☑ 4 MIL MILLONES Y MEDIO DE AÑOS
- ☐ AÚN NO LO SABEMOS

I. ¿POR QUÉ SE ELEVA EL SOL?

- ☐ PARA AUMENTAR SU TEMPERATURA
- ☐ PARA DAR LUGAR A LAS 4 ESTACIONES
- ☑ EL SOL NO SE ELEVA, LA TIERRA GIRA A SU ALREDEDOR

J. ¿CUÁNTOS PLANETAS HAY EN EL SISTEMA SOLAR?

- ☑ 8
- ☐ 9
- ☐ 12

K. ¿CÓMO SE CLASIFICAN LOS PLANETAS?

- ☐ SEGÚN SU CERCANÍA AL SOL
- ☐ EN LUMINOSOS Y OSCUROS
- ☑ EN SÓLIDOS Y GASEOSOS

L. ¿QUÉ ASPECTO TIENE NEPTUNO?

- ☑ AZULADO
- ☐ ROJIZO
- ☐ BLANCO

M. ¿QUÉ SIGNIFICA *ASTRONAUTA*?

- ☐ VAGABUNDO DEL ESPACIO
- ☑ NAVEGANTE DEL ESPACIO
- ☐ EXPERTO EN EL MOVIMIENTO DE LAS ESTRELLAS

N. ¿POR QUÉ LOS ASTRONAUTAS LLEVAN MOCHILA?

- ☑ PARA RESPIRAR OXÍGENO
- ☐ PARA TENER AGUA
- ☐ PARA REFRESCARSE

Ñ. ¿CUÁNTAS VECES LAS PERSONAS HAN LLEGADO A LA LUNA?

- ☐ SOLO UNA VEZ
- ☐ DOS VECES
- ☑ MÁS DE SEIS VECES

¿CÓMO TE HA IDO?
¡SEGURO QUE MUY BIEN!

¡YA PUEDES COMPLETAR TU DIPLOMA!

ANOTA AQUÍ LOS DATOS MÁS CURIOSOS

¡O! SABÍAS QUE...

RÉCORD MUNDIAL

La primera caminata espacial realizada por un equipo de astronautas mujeres se hizo en octubre de 2019. ¡Nadie lo había logrado antes! ¿Quiénes son las astronautas? Se llaman Christina Koch y Jessica Meir. Este fantástico equipo pasó 7 horas y 23 minutos fuera de la Estación Espacial Internacional. ¡Amigas espaciales!

DIPLOMA

EXPERTO EN CURIOSIDADES SOBRE EL UNIVERSO

¡FELICITACIONES! Has navegado por el espacio, conocido planetas, estrellas y aprendido sobre el universo y la vida de los astronautas. ¡Eres un experto!

(TU NOMBRE)

FIRMA

FECHA

el gato de hojalata